기독교의
본질과 독생녀

양순석 지음

새로운 세상의 숲
신세림출판사

기독교의 본질과 독생녀

양순석 지음

내 비둘기, 내 완전한 자는 하나뿐이로구나

그는 그의 어머니의 외딸이요

그 낳은 자가 귀중하게 여기는 자로구나

(아가 6:9)

추천사

오늘날 인류는 전례 없는 도전과 혼돈에 직면해 있습니다. 이러한 때에 독생녀 한학자 총재님은 인류에게 새로운 희망을 제시하고 계십니다. 양순석 박사는 역사신학자로서 10년 이상 독생녀론을 연구하며 다수의 논문을 통해 독생녀의 사명과 하나님의 섭리를 구체적으로 조명해 왔습니다. 이 책은 비록 얇지만 그러한 오랜 학문적 탐구의 집약체입니다.

양순석 박사는 기독교 2천년 역사와 한국 신령집단의 전통을 배경으로, 독생녀의 탄생과 사명을 알기 쉽게 설명합니다. 초대교회부터 현대에 이르기까지 섭리의 흐름을 추적하며, 특히 한국의 신령집단을 통해 이루어진 독생녀 강림의 준비과정을 상세히 다룹니다. 더 나아가 실체성령으로서의 독생녀의 출현이 가져온 구원섭리의 새로운 차원을 이해하기 쉽게 풀어내고 있습니다.

평화이상세계 실현을 위한 방안도 제시하고 있습니다. 축복을 통한 참가정 실현, 가정을 중심한 사회 변화, 그리고 천일국 창건을 향한 비전은 우리 모두에게 실천적 지침이 될 것입니다. 이는 개인과 가정의 차원을 넘어 전 인류적 차원의 구원과 평화를 지향하는 포괄적인 청사진입니다.

이 책은 하나님의 심정으로 인류를 바라보고, 우리 시대의 사명이 무엇인지를 일깨우는 신앙의 지침서입니다. 오늘날의 영적 혼돈 속에서 희망을 찾고자 하는 모든 분들이 이 책을 통해 신앙을 새롭게 하고, 평화이상세계 실현을 위한 구체적 비전을 발견할 수 있기를 바랍니다.

세계평화통일가정연합 한국협회장

황보국 박사

머리말

존경하는 크리스천 여러분,

성경은 마지막 시대에 어린 양 혼인잔치가 열릴 것이라고 예언합니다. 이는 비유나 상징이 아닌, 인류 구원을 완성하는 실제적인 사건입니다. "어린 양의 혼인 기약이 이르렀고 그의 아내가 자신을 준비하였으므로"(계 19:7)라는 말씀처럼, 이 혼인잔치에는 신랑되신 예수님과 함께 준비된 신부가 있어야 합니다.

하나님께서는 독생녀를 보내시어 이 예언을 성취하고자 하십니다. 독생녀는 하나님의 딸로서, 인류의 참어머니가 되어 실체적 구원의 은혜를 베푸십니다. 성령이 오순절 이후 영적으로만 역사하셨다면, 이제는 독생녀를 통해 실체적인 구원의 역사가 일어나고 있습니다.

기독교 2천년 역사는 바로 이 독생녀를 준비해 온 놀라운 섭리의 여정이었습니다. 초대교회의 순교자들은 순결한 신앙으로, 중세의 신비주의자들은 깊은 신부의 영성으로, 근대의 종교개혁가들은 실천적 신앙으로 그 기반을 닦았습니다. 특히 한국의 신령집단은 독생녀 강림을 위한 직접적인 터전을 준비했습니다.

현대 사회는 전례 없는 도전에 직면해 있습니다. 물질문명의 발달로 영성이 메말라가고, 가정이 해체되며, 인류는 더 깊은 분열과 갈등을 겪고 있습니다. 이러한 위기 속에서 독생녀의 강림은 새로운 희망을 제시합니다. 독생녀께서는 어머니의 사랑으로 인류의 상처를 치유하시고, 모든 갈등을 화해로 이끄시며, 인류를 하나의 가족으로 회복하고 계십니다.

이 책을 통해 독자 여러분께서 다음과 같은 귀중한 통찰을 얻을 수 있기를 바랍니다.

- 하나님의 구원섭리가 어떻게 발전해왔는지에 대한 이해
- 기독교 역사 속에 숨겨진 독생녀 강림의 섭리적 준비과정
- 현대 사회의 문제를 근본적으로 해결할 수 있는 영적 지혜
- 인류 한 가족 실현을 위한 실천적 비전

아무쪼록 이 책이 여러분의 신앙 여정에 새로운 빛이 되기를 기도합니다. 하나님께서 준비하신 놀라운 섭리의 세계로 여러분을 초대합니다.

하나님의 은혜와 축복이 성도 여러분과 함께하기를 바랍니다.

2025년 3월

저자 드림

CONTENTS

CONTENTS

하나님의
구원섭리와
독생녀

제1장

하나님의 구원섭리와 독생녀

인류의 가장 근본적인 질문은 '우리는 누구이며, 왜 태어났는 가'일 것입니다. 성경은 이에 대해 명확한 답을 제시합니다. 우리는 하나님의 자녀로 창조되었으며, 그분의 사랑을 완성하기 위해 태어났습니다.

1.1 하늘부모님의 창조이상

창세기는 하나님께서 자신의 형상대로 인간을 창조하셨다고 기록합니다. "하나님이 자기 형상 곧 하나님의 형상대로 사람을 창조하시되 남자와 여자를 창조하시고"(창 1:27)라는 말씀은 매우 중요한 의미를 담고 있습니다. 하나님의 형상이 남성과 여성 모두를 통해 표현된다는 것은, 하나님 안에 남성성과 여성성이 모두 존재한다는 것을 의미합니다.

하늘부모님의 남성성과 여성성

"태초에 하나님이 천지를 창조하시니라"(창 1:1)

여기서 하나님으로 번역된 히브리어 '엘로힘'은 깊은 의미를 담고 있습니다. 이는 '신들'이라는 뜻의 복수형 명사이지만, 단수형 동사와 함께 사용됩니다. 이러한 특별한 문법 구조는 하나님 안에 내재된 이중성, 즉 남성성과 여성성을 암시합니다. 마치 한국어에서 '부모'라는 단어가 아버지와 어머니를 모두 포함하는 것과 같습니다.

참부모를 통한 창조이상 실현

하늘부모님은 사랑 때문에 인간을 창조하셨습니다. 이를 위해 하늘부모님은 자신의 형상을 닮은 남자와 여자를 창조하시고, 그들이 참부모가 되어 이상가정을 이루기를 바라셨습니다. "생육하고 번성하여 땅에 충만하라"(창 1:28)는 축복은 단순한 번식의 명령이 아닌, 하늘부모님의 사랑을 완성하라는 뜻을 담고 있습니다.

《지상천국》요한 벤첼 피터 | 하늘부모님께서는 모든 피조물을 쌍쌍으로 창조하셨으며, 사람 또한 자신의 형상을 따라 남자와 여자로 지으셨습니다.

인류의 타락과 구원의 필요성

그러나 아담과 하와의 타락으로 하늘부모님의 창조이상은 이루어지지 못했습니다. 인류는 하늘부모님과의 관계가 단절되었고, 사탄의 혈통을 이어받게 되었습니다. 이것은 마치 부모와 자녀 사이의 유대가 완전히 끊어진 것과 같은 비극적인 상황입니다.

이에 하늘부모님은 잃어버린 자녀를 찾기 위한 구원섭리를 시작하셨습니다. 구원섭리의 핵심은 먼저 참부모를 찾아 세우는 것입니다. 이는 에덴동산에서 잃어버린 참된 부모의 자리를 복귀하는 것을 의미합니다. 성경의 역사는 이러한 섭리의 기록이며, 하늘부모님은 독생자와 독생녀를 보내시어 참부모의 자리를 회복하고자 하십니다.

1.2 예수님과 성령의 역사

부활하신 예수님과 성령은 영적 구원의 기반을 마련하셨습니다. 그러나 실체적 구원을 위해서는 독생녀가 필요합니다.

독생자 예수님의 사명

하늘부모님은 4천년의 준비 끝에 예수님을 이 땅에 보내셨습니다. 예수님은 타락하지 않은 순수한 혈통을 지닌 하나님의 아들, 즉 독생자로 오셨습니다. 그분의 사명은 참부모가 되어 인류를 구원하고 하늘부모님의 창조이상을 실현하는 것입니다.

이를 위해 예수님께서 독생녀를 신부로 맞아 참부모가 되셔야 했습니다. 그러나 전도서에 이르기를, "천 사람 중에서 한 사람을 얻었거니와 천 명의 여자 중에서는 하나도 찾지 못하였

느니라"(전 7:28) 하였습니다. 이는 당시 독생녀가 올 수 있는 영적 기준이 세워지지 않은 것을 의미합니다.

성령의 역사

예수님은 십자가에서 돌아가신 후 부활하셨고, 오순절에 성령이 강림했습니다. 부활하신 예수님과 성령은 영적인 참부모가 되어 인류를 영적으로 중생시키는 역사를 시작하셨습니다.

성령은 하늘부모님의 여성성을 나타내는 신성입니다. 마치 어머니가 자녀를 잉태하고 양육하듯, 성령은 신도들을 영적으로 중생시키고 양육합니다. 이러한 영적 중생으로 인류는 종의 자리에서 양자의 자리로 올라설 수 있게 되었습니다.

영적 구원의 한계

영적 참부모가 구원의 기반을 마련했지만, 인간의 원죄를 근본적으로 청산할 수는 없었습니다. 이는 영적 참부모가 실체가 없기 때문입니다. 따라서 실체 참부모를 통한 완전한 구원이 필요합니다. 이것이 하늘부모님께서 독생녀를 보내시는 근본적인 이유입니다.

하늘부모님의 구원섭리는 시대에 따라 발전해왔습니다. 구약시대에는 율법을 통한 구원으로 인류가 종의 위치에 있었습니다. 신약시대에는 예수님과 성령을 통한 영적 구원으로 양자의 위치에 올라섰습니다. 성약시대에는 참부모님을 통한 실체적 구원으로 직계 자녀의 위치에 이르게 됩니다.

지상강림의 섭리적 필연성

하늘부모님의 창조이상은 지상천상천국을 이루는 것입니다. 지상천국은 천상천국과 유기적으로 연결되어 완전한 천국을 이루게 됩니다. 이는 영계와 육계가 하나되어 이상세계를 이루는 것을 의미합니다.

그런데 만약 재림주께서 구름을 타고 영적으로만 오신다면, 지상에서 실체적인 천국을 건설할 수 없게 됩니다. 섭리가 영적 구원, 즉 구령사업에만 머무르게 되어 하늘부모님의 창조이상을 온전히 실현할 수 없기 때문입니다. 이것이 바로 재림주와 독생녀가 지상에 강림하셔야 하는 근본적인 이유입니다. 참부모의 지상 현현을 통해서만 영계와 육계가 실체적으로 하나될 수 있으며, 이를 통해 하늘부모님의 창조이상인 지상천상천국이 완성될 수 있습니다.

1.3 독생녀 실체성령

하늘부모님의 구원섭리에서 독생녀는 특별한 의미를 지닙니다. 독생녀는 원죄 없이 태어난 하늘부모님의 딸로서, 인류 구원을 위한 하늘어머니의 사명을 지니고 계십니다.

독생녀의 정체성

성경은 독생녀의 출현을 여러 곳에서 예시하고 있습니다. 아가서에서는 "내 비둘기, 내 완전한 자는 하나뿐이로구나. 그는 그의 어머니의 외딸이요"(아 6:9)라고 기록합니다. 이 말씀은 하늘부모님의 외딸인 독생녀의 유일성과 완전성을 암시합니다.

계시록은 "어린 양의 혼인 기약이 이르렀고 그의 아내가 자신을 준비하였으므로 그에게 빛나고 깨끗한 세마포 옷을 입도록 허락하셨으니 이 세마포 옷은 성도들의 옳은 행실이로다"(계 19:7-8)라고 예언합니다. 여기서 '세마포 옷'은 독생녀의 영적 권위를 상징합니다. 이는 하늘부모님께서 준비된 신부를 인정하시고 주신 선물로서, 기독교를 중심한 섭리 가운데 이루어진 것입니다.

실체성령으로서의 위상

계시록에는 "성령과 신부가 말씀하시기를 오라 하시는도다… 값없이 생명수를 받으라"(계 22:17)라는 구절이 있습니다. '성령과 신부'는 성령이 실체를 입은 독생녀를 의미하며, '생명수'는 새 생명을 주시는 독생녀의 사랑을 상징합니다.

독생녀는 성령이 실체를 갖춘 존재입니다. 하늘부모님의 여성성이 완전히 실체화된 분으로서, 인류구원을 위한 실체적 역사를 전개하십니다.

하늘어머니로서의 사명

독생녀의 가장 중요한 사명은 하늘어머니로서 인류를 영육 아울러 중생시키는 것입니다. 하늘어머니는 생명수로 상징되는 새 생명의 은사를 인류에게 베풀어 영적 중생을 넘어 실체적 중생이 가능하게 하십니다. 이로써 인류는 하늘부모님의 직계 자녀로 거듭날 수 있는 길이 열렸습니다.

1.4 혈통복귀와 구원

혈통복귀는 곧 구원으로서, 인간이 타락으로 잃어버린 하늘부모님과의 본연의 부모자녀 관계를 회복하는 과정입니다. 이 과정은 시대에 따라 점진적으로 발전해왔으며, 독생녀의 출현으로 완성단계에 이르렀습니다.

율법과 영적 구원의 시대

구약시대의 구원은 율법을 중심으로 한 소생단계였습니다. 이 시기에 하나님은 모세를 통해 율법을 주셨고, 이스라엘 선민들은 율법이 들어있는 법궤와 성전을 중심으로 하나님과 관계를 맺었습니다. 그러나 이는 주로 천사들을 통한 간접적인 관계였습니다. 하나님의 뜻이 천사들을 통해 전달되었고, 선민들은 종의 입장에서 십계명을 새긴 돌판과 법궤, 그리고 성전을 통해 메시아를 맞을 영적 기반을 쌓았습니다.

신약시대에는 예수님과 성령을 통해 영적 구원이 이루어졌습니다. 부활하신 예수님과 성령이 영적 참부모가 되어 인류를 영적으로 중생시켰습니다. 영적 중생은 하늘부모님의 영적 자녀, 즉 입양된 자녀로 거듭나는 것을 의미합니다. 이는 원죄의 부분적 청산이라 할 수 있으며, 아직 사탄과의 관계가 남아있습니다. 따라서 영적으로 거듭난 후에도 사람들은 죄로 이어질 수 있는 육적 욕망과 경향을 가지고 있습니다. 또한 아무리 잘 믿는 신도들도 자녀들에게 원죄를 전이합니다.

실체적 구원의 완성을 향하여

성약시대에는 실체 말씀으로 오신 참부모님을 통해 실체적 구원이 이루어집니다. 이 실체적 중생은 영과 육을 아우르는 총체적인 중생으로, 원죄를 완전히 청산하고 하늘부모님의 직계 자녀로 거듭나는 것입니다. 이는 육신 자체가 변하는 것이 아니라, 영과 육신 사이에 본연의 조화가 확립되는 것을 의미합니다. 다시 말해 육신의 욕망을 없애는 것이 아니라, 오히려 그것이 자연스럽게 창조 본연의 인간 본성과 일치하도록 변형시키는 것을 의미합니다. 이전에 사탄의 도구로 사용되었던 육신이 이제 하늘부모님의 성전이 됩니다. 실체적 중생은 원죄 전이의 사슬을 끊어, 축복가정의 자녀는 원죄 없이 태어납니다.

이러한 구원섭리의 발전 과정을 〈도표 1〉을 통해 설명하겠습니다. 구약시대에는 율법과 성전을 중심으로 이스라엘 선민이 종의 위치에서 독생자 강림을 준비했습니다. 신약시대에는 예수님과 성령을 통해 세계 기독교가 양자의 위치에서 독생녀 강림을 준비했습니다. 그리고 성약시대에는 참부모님을 통해 축복가정이 직계 자녀의 위치에서 천일국을 창건하는 단계로 나아가고 있습니다.

이처럼 하늘부모님의 구원섭리는 점진적으로 발전하며 더 높은 차원으로 나아갔습니다. 구약시대의 이스라엘 민족적 기반에서, 신약시대의 세계적 영적 기반을 거쳐, 성약시대에는 천주적 실체권을 이루는 단계로 발전했습니다.

독생녀의 출현은 이러한 구원섭리의 완성단계를 여는 결정적인 전환점입니다. 독생녀는 완성한 신부로서, 실체 하늘어머니가 되어 인류를 하늘부모님의 직계 자녀로 다시 낳아주시는 사명을 감당하고 계십니다. 이로써 하늘부모님의 창조이상인 참된 가정을 이루고 천일국을 창건할 수 있는 길이 열렸습니다.

〈도표 1〉 구원섭리의 발전 과정

시기	구원의 중심	인간 위치	구원의 범위	목적
구약시대	율법	종	이스라엘 선민 (가정/민족권)	독생자 강림 준비
신약시대	예수님과 성령	양자	세계 기독교 (세계적 영적권)	독생녀 강림 준비
성약시대	참부모님	직계 자녀	축복가정 (천주권 실체권)	천일국 창건

제2장

초기 기독교와
중세의 영성

초기 기독교와 중세의 영성

본 장은 초기 기독교부터 중세까지의 영적 발전 과정을 추적합니다. 오순절 성령 강림으로 시작된 초기 교회의 형성, 순교자들의 헌신적 신앙, 중세 여성 신비주의자들의 신부의 영성이 어떻게 독생녀 출현을 위한 영적 기반을 마련했는지 살펴봅니다.

2.1 오순절 성령 강림과 교회의 기초

오순절 성령 강림은 하늘부모님의 새로운 구원섭리의 시작을 알리는 중대한 전환점이었습니다. 예수님의 부활 이후 제자들은 예루살렘에 머물며 주님의 약속을 기다리고 있었습니다. 그리고 마침내 오순절 날, 하늘부모님의 섭리는 새로운 장을 열었습니다.

성령 강림의 현장

사도행전 2장에는 그날의 상황이 생생하게 기록되어 있습니다. 오순절 아침 제자들이 한 곳에 모여 있을 때였습니다. 갑자기 하늘로부터 강한 바람이 부는 것 같은 소리가 들려왔고, 불의 혀와 같은 것이 각 사람 위에 임했습니다. 그러자 제자들은 성령의 충만함을 받아 다른 언어들로 말하기 시작했습니다.

이 놀라운 광경에 예루살렘의 경건한 유대인들이 모여들었습니다. 사람들은 자신들의 방언으로 하나님의 큰 일을 말하는 갈릴리 사람들을 보고 놀라워했습니다. 어떤 사람들은 "그들이 새 술에 취했다"며 조롱했지만, 베드로는 '하나님의 영을 모든 육체에 부어 준다'고 했던 요엘 선지자의 예언을 인용하며 담대히 일어나 설교했습니다.

베드로의 메시지는 분명했습니다. "이스라엘 백성들아, 들으십시오. 당신들이 십자가에 못 박은 예수님을 하나님께서 부활시키시고 주와 그리스도가 되게 하셨습니다." 이 말씀에 마음이 찔린 사람들이 "우리가 어찌할꼬?"라고 물었고, 베드로는 "회개하고 세례를 받으라"고 권면했습니다.

《오순절》 장 레스투 | 하늘에서 강렬한 빛이 내려오고, 불꽃 모양의 혀가 각 사람 위에 임했습니다. 이 순간, 사람들은 경외감과 놀라움, 기쁨으로 충만해졌습니다. 성령 강림을 통해 제자들은 변화되었고, 복음의 증인으로 나아가 교회가 탄생했습니다.

교회의 탄생

그날 약 3천 명이 세례를 받아 교회의 일원이 되었습니다. 이들은 사도들의 가르침을 받아 서로 교제하며, 기도하는 일에 힘썼습니다. 모든 물건을 공동으로 소유하며, 각자의 필요를 채워주었습니다. 날마다 성전에 모이기를 힘쓰며 집집마다 돌아가며 떡을 떼었는데, 기쁨과 순전한 마음으로 음식을 먹고 하나님을 찬미했습니다.

이렇게 탄생한 '에클레시아'(Ecclesia)는 '밖으로 불러냄을 받은 자들'이라는 의미를 지닙니다. 이는 세상에서 구별되어 하나님의 특별한 목적을 위해 부름받은 공동체입니다. 초대교회는 오직 그리스도와의 사랑의 관계로 맺어진 신부 공동체입니다.

성령의 역사와 교회의 확장

성령의 강림으로 기독교 신도들은 이스라엘 선민을 대신하여 제2이스라엘 선민이 되었습니다. 이는 혈통적 이스라엘이 아닌, 믿음으로 연결된 영적 이스라엘이 하늘부모님의 섭리를 이어가게 되었음을 의미합니다. 교회는 더 이상 유대인만의 공동체가 아닌, 모든 민족을 포용하는 보편적 공동체가 되었습니다.

오순절의 성령 강림은 또한 예수님과 성령이 영적 참부모가 되어 인류를 영적으로 중생시키는 역사의 시작이었습니다. 마치 어머니가 자녀를 잉태하고 양육하듯이, 성령은 신도들을 영적으로 중생시키고 양육했습니다. 이로써 인류는 종의 위치에서 양자의 위치로 올라설 수 있게 되었습니다.

신부된 교회의 사명

교회는 '그리스도의 신부'라는 독특한 정체성을 갖고 있습니다. 이것은 단순한 비유가 아닙니다. 교회의 본질을 나타내는 중요한 개념입니다. 신부된 교회는 신랑되신 그리스도를 기다리며 자신을 준비해야 합니다. 이러한 신부의 정체성은 후대 기독교 영성의 중요한 기반이 되었으며, 특히 경건주의와 성결운동의 토대가 되었습니다.

신부는 궁극적으로 독생녀의 출현으로 완성됩니다. 2천년에 걸친 기독교 역사는 신부의 영적 기준을 높이고 준비하는 과정이었습니다. 이는 개인적 구원을 넘어 공동체적 차원의 영적 성장을 의미합니다. 그리고 마침내 실체 신부인 독생녀의 출현으로 그 결실을 맺게 되었습니다.

2.2 초대교회의 순교와 수도원 운동

초대교회는 극심한 박해 속에서도 신앙을 지켜낸 순교자들의 시대였습니다. 이들의 순교는 그리스도에 대한 절대적 사랑의 표현입니다. 이들의 순수한 믿음과 헌신은 기독교 영성의 근간이 되었고, 독생녀를 위한 영적 기반을 마련했습니다.

로마제국의 박해와 순교자들

로마제국은 광활한 영토를 하나로 통합하기 위해 황제숭배를 강요했습니다. 다양한 민족과 문화를 포용한 로마는 각 지역의 신들을 용인했지만, 황제를 최고의 신으로 인정할 것을 요구했습니다. 대부분의 종교는 이를 수용했으나, 유일신을 믿는 기독교인들은 이를 거부했습니다.

특히 기독교가 급속히 확산되면서 로마의 전통적인 다신교 체계가 위협받자, 황제숭배는 기독교를 견제하는 핵심 수단이 되었습니다. 많은 기독교인들이 황제 앞에서 분향하기를 거부하고 순교의 길을 택했습니다.

《칼리굴라가 백성의 경배를 받고 있다》에밀 레비 | 로마 제국의 3대 황제 칼리굴라가 주피터 조각상의 옆자리에 앉아 경배를 받고 있습니다.

알렉산드리아의 카타리나

이 시기의 순교자들 중에서 알렉산드리아의 카타리나의 이야기는 특별한 의미를 지닙니다. 『황금전설』에 따르면, 카타리나는 18세의 젊은 귀족 여성으로, 뛰어난 미모와 지성을 겸비한 기독교인이었습니다.

막시미누스 부황제는 모든 시민에게 신전에서 제물을 바칠 것을 명령했습니다. 카타리나는 황제의 명령을 거부했을 뿐 아니라, 부황제의 청혼까지 거절했습니다. 분노한 부황제는 제국의 저명한 철학자 50명을 불러 카타리나와 논쟁하게 했습니다.

그러나 놀랍게도 카타리나의 지혜와 신앙적 열정 앞에서 철학자들이 오히려 감화되어 기독교로 개종하는 일이 벌어졌습니다. 격분한 부황제는 카타리나에게 혹독한 고문을 가하며 배교를 강요했습니다. 이때 카타리나는 흔들림 없이 다음과 같이 대답했습니다.

"저는 이미 그리스도와 약혼했습니다. 그분은 나의 영광이요, 나의 사랑이며, 나의 달콤함이요, 나의 연인입니다. 어떤 고문도 그분의 사랑으로부터 나를 떼어놓을 수 없을 것입니다."

《알렉산드리아의 성 카타리나》 미켈란젤로 메리시 다 카라바조 | 막시미누스 부황제는 못 박힌 바퀴 고문으로 효과를 보지 못하자 카타리나를 참수했습니다. 정면을 응시한 강렬한 눈빛은 그녀의 흔들림 없는 신앙과 결연한 의지를 보여줍니다.

결국 카타리나는 참수되었습니다. 전설에 따르면, 천사들이 그녀의 시신을 시나이 산으로 옮겼다고 합니다. 현재 시나이 산의 성 카타리나 수도원은 그녀의 순교를 기념하고 있습니다.

순교 신앙의 유산

카타리나의 순교는 개인의 죽음을 넘어서는 깊은 의미를 지닙니다. 그녀의 '내 신랑은 그리스도'라는 고백은 기독교 영성의 본질을 보여줍니다.

젊고 지성적인 카타리나가 죽음 앞에서도 지켜낸 신앙은, 그리스도에 대한 절대적 사랑과 순결한 믿음의 승리였습니다. 이러한 순교 신앙은 후대 기독교 영성의 중요한 기반이 되었으며, 특히 신부 공동체의 영적 기준을 한층 높이는 계기가 되었습니다.

수도원 운동의 시작

순교자들의 시대가 지나자, 많은 기독교인들은 더 깊은 영성을 추구하며 광야로 나갔습니다. 3세기 말, 이집트의 안토니우스는 은수자적 삶을 시작했고, 4세기에 이르러 파코미우스는 이를 공동체적 수도생활로 발전시켰습니다. 이러한 초기 수도원의 형태는 후에 서방의 베네딕트 수도회를 비롯한 중세 수도원 운동의 직접적인 모델이 되었습니다.

수도원 운동은 세속의 가치관과 구별되는 삶의 방식을 통해 기독교적 이상을 실현하려는 노력이었습니다. 이는 교회의 영적 갱신과 개혁의 원동력이 되었으며, 중세 기독교 영성의 중심축 역할을 했습니다.

2.3 중세 여성 신비주의의 꽃

중세 기독교 역사에서 13세기부터 15세기는 특별한 의미를 지닙니다. 이 시기에 등장한 여성 신비가들은 그리스도와의 직접적인 영적 교통을 체험하며 신부로서의 정체성을 깊이 자각했습니다. 이들의 신비체험은 개인적 경험을 넘어 하늘부모님의 구원섭리 안에서 독생녀 출현을 위한 영적 기반이 되었습니다.

영원한 사랑의 노래: 마그데부르크의 메히틸트

베긴회의 자유로운 영성 속에서 메히틸트는 그리스도와의 사랑을 가장 아름다운 시로 노래했습니다. 『신성의 흐르는 빛』에서 그녀는 신랑되신 주님을 향한 마음을 이렇게 표현했습니다.

"오 주님, 당신은 나의 달콤한 사랑이요, 나의 가장 깊은 갈

망이며, 나의 마지막 숨결입니다. 제가 당신을 얼마나 기다렸는지요! 이제 저는 당신의 품에 안겼습니다. 신성한 사랑의 불길이 저를 태우고, 저는 당신과 하나가 되었습니다."

메히틸트는 영혼이 신부로서 거쳐야 할 영적 여정을 3단계로 설명했습니다. 첫째는 자아를 비우는 정화의 단계, 둘째는 신랑을 기다리는 준비의 단계, 셋째는 완전한 합일을 이루는 완성의 단계입니다. 이러한 그녀의 영적 여정은 후대의 신비가들에게 깊은 영감을 주었습니다.

순수한 사랑을 위한 순교: 마르그리트 포레테

포레테의 『단순한 영혼의 거울』은 신부의 정체성을 담대하게 선포한 저서입니다. 그녀는 영혼이 어떻게 완전한 자유에 이르는지를 7단계로 설명하며, 특히 마지막 단계에서 영혼이 신랑되신 주님과 완전히 하나됨을 강조했습니다.

1310년, 파리 대광장에서 열린 마지막 심문에서 포레테는 이렇게 증언했습니다.

"저는 주님의 사랑을 배신할 수 없습니다. 그 사랑은 제 영혼의 생명이며, 그 사랑 없이는 살 수 없습니다."

《성녀 카타리나의 신비로운 결혼》 바르나 다 시에나 | 예수님이 그녀에게 반지를 끼워 주는 것은 '신비한 결혼'을 의미합니다. 아기 예수님의 경우, 그녀와의 영적 결합을 상징하고, 성인 예수님의 경우, 그녀의 영적 성숙함을 나타냅니다.

그녀는 화형을 당하면서도 신부의 정체성을 결코 부인하지 않았습니다.

어머니의 마음을 발견한 은둔자: 노리치의 줄리안

줄리안의 특별함은 하나님의 모성적 사랑을 깊이 체험했다는 점입니다. 그녀의 『신성한 사랑의 계시』에는 다음과 같은 구절이 있습니다.

"주님께서 내게 보여주신 것처럼, 하나님은 우리의 어머니이십니다. 마치 어머니가 자녀를 품듯이, 하나님은 우리를 당신 안에 품으시고 결코 떠나지 않으십니다. 하나님의 사랑은 어머니의 사랑보다 더 깊고 온전합니다."

이러한 통찰은 하늘부모님의 여성성을 이해하는 중요한 영적 기반이 됩니다.

순수한 사랑의 실천자: 제노바의 카타리나

카타리나는 신비체험을 실천적 삶으로 승화시킨 대표적인 예입니다. 27세의 회심 체험에서 그녀는 이렇게 고백했습니다.

"주님의 사랑이 내 안에 불타오르자, 세상의 모든 것이 달라

보였습니다. 이제 나는 더 이상 자신을 위해 살지 않고, 오직 그분을 위해, 그리고 그분의 사랑으로 살기로 했습니다."

카타리나는 병자들을 돌보며 봉사했고, 자신의 영적 체험을 『영혼론』에 담아 후대에 전했습니다.

《시에나의 성녀 카타리나의 신비로운 결혼》 클레멘스 데 토레스 | 시에나의 성녀 카타리나는 예수님과의 '영적 결혼'을 경험한 것으로 유명합니다. 그녀는 1368년 21세에 깊은 기도 중에 신비로운 체험을 하였습니다. 수많은 천사와 성모 마리아, 성 요한, 성 바오로, 성 도미니코가 나타났고, 다윗 왕이 하프로 음악을 연주하는 가운데 성모 마리아가 그녀의 손을 그리스도의 손에 쥐어주었습니다. 예수님은 그녀의 손가락에 금으로 된 반지를 끼워주며 그녀와 영적인 약혼을 맺었다고 선언하셨습니다. 그녀는 이 반지가 다른 사람들에게는 보이지 않지만, 그리스도의 살로 된 것이라고 주장했습니다.

중세의 여성 신비가들은 각자의 방식으로 신부의 정체성을 드러냈습니다. 메히틸트는 사랑의 노래로, 포레테는 순교로,

줄리안은 깊은 통찰로, 카타리나는 실천적 봉사로 그리스도와의 신비적 합일을 체험했습니다. 이들의 영성은 하늘부모님의 섭리 안에서 특별한 의미를 지닙니다. 이들이 체험하고 전한 신부의 정체성은 독생녀 출현을 위한 영적 기반이며, 우리의 영적 여정에 귀중한 이정표입니다.

2.4 여성 신비주의의 섭리적 의미

중세 여성 신비주의는 심오한 섭리적 의미를 지니고 있습니다. 이 시기에 나타난 여성 신비가들의 영성은 하늘부모님의 섭리 안에서 독생녀 출현을 위한 중요한 기반이 되었습니다. 이들의 신비체험과 저술, 순교와 헌신은 인류 구원을 위한 새로운 차원을 열어가는 과정이었습니다.

신부 신비주의의 완성을 향하여

신부 신비주의는 초대교회 시대부터 이어져 온 영성의 전통입니다. 그러나 중세 여성 신비가들을 통해 이 전통은 새로운 차원으로 발전했습니다. 이들은 그리스도와의 합일을 관념이나 상징이 아닌, 실제적이고 친밀한 관계로 체험했습니다. 이러한 체험은 독생녀의 사명을 예시하는 영적 모형이 됩니다.

《솔로몬의 노래》 윈체스터 대성당 | 아가서는 '솔로몬의 노래'라고도 합니다. 솔로몬과 술람미 여인의 사랑이야기이기 때문입니다. 아가서는 중세 신부 신비주의자들에게 많은 영감을 주었습니다.

하늘부모님의 모성적 사랑의 발견

여성 신비가들은 하나님의 사랑이 지닌 모성적 차원을 깊이 이해했습니다. 특히 노리치의 줄리안이 보여준 하나님의 모성에 대한 통찰은 혁신적이었습니다. 이는 하늘부모님의 여성성을 이해하고 독생녀를 맞이할 수 있는 영적 기반입니다. 이들의 저술은 하늘부모님의 모성적 사랑을 인류에게 전하는 가교 역할을 했습니다.

순수한 사랑의 실천과 희생

중세 여성 신비가들은 자신들의 체험을 실천적 삶으로 승화시켰습니다. 포레테의 순교와 카타리나의 봉사는 순수한 사랑이 어떻게 구체적인 삶으로 실현되는지를 보여줍니다. 이러한 헌신과 희생은 독생녀의 공적 생애를 예표하는 것입니다.

영적 자유와 제도적 한계의 극복

여성 신비가들은 당시의 제도적, 사회적 한계를 뛰어넘어 하나님과의 직접적인 교통을 추구했습니다. 베긴회 운동이 보여준 자발적 신앙공동체의 형성, 포레테가 주장한 영혼의 직접적인 그리스도 체험은 제도권 교회의 한계를 넘어서는 새로운 영성의 지평을 열었습니다. 이는 독생녀를 통한 실체적 구원의 길을 예비하는 과정입니다.

여성 신비가들의 영성은 시대를 넘어 현재까지도 중요한 의미를 지닙니다. 이들이 보여준 주님과의 직접적 관계, 모성적 사랑에 대한 이해, 실천적 신앙의 모범은 오늘날 우리가 독생녀의 사명을 이해하고 동참하는 데 귀중한 통찰을 제공합니다. 이처럼 중세 여성 신비주의는 하늘부모님의 섭리 안에서 과거와 현재를 잇는 영적 가교의 역할을 하고 있습니다.

종교개혁과
근대 기독교의
발전

제3장

종교개혁과 근대 기독교의 발전

16세기부터 20세기 초까지 기독교는 세 차례의 대변혁을 겪었습니다. 제1차 종교개혁은 교리와 제도를 개혁했고, 제2차 종교개혁은 경건주의 운동으로 신앙의 내면화를 이루었으며, 제3차 종교개혁은 영적 각성을 통해 기독교의 새로운 장을 열었습니다. 이러한 변화들은 기독교의 본질을 회복하고 신앙의 깊이를 더하는 과정이었습니다.

3·1 제1차 종교개혁: 교리와 제도의 개혁

루터의 개혁 정신

1520년은 기독교 역사의 중대한 전환점입니다. 마틴 루터는 3편의 논문을 발표하여 로마 가톨릭 교회의 권위에 정면으로 도전했습니다. 1517년의 95개조 반박문이 면벌부 판매를 비판했다면, 이 3대 논문은 교회의 근본적인 개혁을 요구했습니다.

종교개혁의 3가지 핵심 원리

첫 번째 논문 〈독일 기독교 귀족에게 고함〉에서 루터는 '만인사제설'을 주장했습니다. 모든 신자가 하나님 앞에서 평등하며, 성경을 자유롭게 해석할 수 있다고 선언했습니다. 이는 성직자들만이 성경을 해석할 수 있다는 기존의 관념을 바꾸는 혁명적인 주장이었습니다.

두 번째 논문 〈교회의 바벨론 포로〉에서는 가톨릭의 7성사 제도를 비판했습니다. 루터는 성사가 영혼을 구속하는 수단이 되어서는 안 된다고 강조했습니다. 이는 교회가 성사를 통해 신자들을 통제하던 관행에 대한 근본적인 도전이었습니다.

세 번째 논문 〈그리스도인의 자유〉에서는 '이신칭의'를 강조했습니다. 선행이 구원의 조건이 아닌 믿음의 결과라고 설명하며, 오직 믿음으로 구원받는다는 원리를 분명히 했습니다. 이 3대 논문을 통해 '오직 성경', '오직 믿음', '오직 은혜'라는 종교개혁의 핵심 원리가 확립되었습니다.

칼뱅의 체계적 신학 정립

장 칼뱅은 종교개혁의 정신을 체계화했습니다. 1543년에 완성된 『기독교강요』는 종교개혁의 신학을 포괄적이고 논리적으로 정리했습니다. 예정론과 교회론에서 더욱 정교한 신학 체계를 제시했고, 제네바에서의 실천을 통해 개혁교회의 모범을 보여주었습니다.

개신교의 탄생과 400년의 준비

제1차 종교개혁의 결과로 개신교가 로마 가톨릭에서 분립했습니다. 이로써 신앙의 자유가 크게 확대되었습니다. 루터가 1520년 3대 논문을 발표하고, 칼뱅이 1543년 〈교회 개혁의 필요성〉을 신성로마제국 황제 카를 5세에게 제출한 때로부터 정확히 400년 후에 재림주 문선명 총재님과 독생녀 한학자 총재님이 탄생하셨습니다. 이는 구약시대 말기에 말라기 선지자의 개혁으로부터 약 400년 후에 독생자가 탄생하신 것과 같은 섭리적 패턴을 보여줍니다.

3.2 제2차 종교개혁: 경건주의 운동

형식화된 신앙의 위기

종교개혁 이후, 개신교는 뜻하지 않은 도전에 직면했습니다. 1555년의 아우크스부르크 화의와 1648년의 베스트팔렌 조약으로 '지역의 군주가 그 지역의 종교를 결정한다'는 원칙이 확립되면서, 개신교는 급속히 제도화되었습니다. 영국의 성공회, 독일의 루터교, 스코틀랜드의 장로교가 각각 해당 지역의 국가 교회가 되었습니다.

이러한 제도화는 신앙의 형식화를 초래했습니다. 신학교에서는 교리 중심의 성경 해석이 지배적이었습니다. 교회에서는 '오직 믿음으로 구원받는다'는 교리를 무조건적으로 받아들이게 했습니다. 하이델베르크 요리문답이나 웨스트민스터 신앙고백서를 암기하는 것이 신앙의 척도가 되었습니다. 이는 종교개혁의 본래 정신과는 거리가 멀었습니다.

《플리머스에서의 첫 번째 추수감사절》제니 A. 브라운스컴 | 1621년 플리머스의 청교도가 이주 후 첫 번째 추수감사절을 지내고 있습니다. 이들은 한 해 전 종교의 자유를 찾아 메이플라워 호를 타고 영국을 떠나 미국 식민지로 왔던 102명 가운데 52명만 살아남았습니다.

작은 교회 운동의 시작

이러한 상황에서 독일의 루터교 목사 스페너는 경건주의 운동을 시작했습니다. 경건주의는 개인의 경건과 실천적 신앙생활을 강조했으며 그 중심에는 '교회 안의 작은 교회' 운동이 있었습니다. 스페너는 이 소그룹 모임을 통해 성경공부와 기도모임을 장려했습니다. 성도들은 자유롭게 성경을 읽고 토론하며, 서로의 신앙 체험을 나누었습니다. 이는 형식적인 예배를 넘어 실제적인 신앙 생활을 추구하는 움직임이었습니다.

경건주의 운동은 진젠도르프가 이끄는 모라비아 교회로 발전
했습니다. 모라비안 교도들은 열정적인 선교활동을 펼쳤는데,
이들의 헌신적인 신앙은 후일 웨슬리에게 큰 영향을 미쳤습니
다.

폭풍우 속의 깨달음

1736년 1월, 대서양의 거친 폭풍우는 한 젊은 성공회 사제의
삶을 완전히 바꾸어 놓았습니다. 영국에서 조지아로 향하던 시
몬즈 호가 난파 직전의 위기에 처했을 때입니다. 모든 승객들
이 공포에 떨고 있었지만 모라비안 교도들은 평온히 찬송가를
부르고 있었습니다.

폭풍우 속의 깨달음 | 배 안에서 울부짖는 소리와 조용한 찬송이 대조를 이루는 그 순
간, 웨슬리는 '구원의 확신'이라는 진정한 신앙의 본질을 깨달았습니다.

이 놀라운 광경에 존 웨슬리는 큰 충격을 받았습니다. 그리고 자신의 신앙을 돌아보게 되었습니다.

"나는 다른 이들을 구원하러 아메리카 식민지로 가고 있지만, 과연 내 자신이 구원받았는가? 나는 하나님을 두려워하고 있었을 뿐, 그분을 진정으로 사랑하지는 않았다."

2년 후, 런던의 얼더스게이트에서 루터의 로마서 서문을 듣던 중 그의 마음은 뜨거워졌고, 마침내 성령의 충만함을 체험하게 되었습니다.

산업혁명 시대의 복음

웨슬리의 회심은 개인적 체험을 넘어 시대적 사명으로 발전했습니다. 당시 영국은 산업혁명으로 인해 급격한 변화를 겪고 있었고, 많은 노동자들이 비참한 환경에서 살아가고 있었습니다. 웨슬리는 이들을 직접 찾아가 복음을 전했습니다. 그는 공장과 탄광촌을 순회하며 설교했습니다. 이는 후에 감리교 운동으로 발전하여 영국 사회를 크게 변화시켰습니다.

이렇게 제2차 종교개혁은 형식화된 신앙을 극복하고 내면의 체험을 강조했으며, 이를 통해 교회에 새로운 활력을 불어넣었습니다. 이는 앞으로 펼쳐질 영적 대각성운동을 위한 기반을 더욱 넓히고 깊게 하는 과정이었습니다.

3.3 제3차 종교개혁: 영적 대각성운동

영적 대각성운동은 개인의 영적 체험이 사회 변화로 이어지고, 그 영향력이 세계로 확산되는 과정을 보여줍니다. 이 운동은 3차에 걸쳐 전개됐는데, 각 단계마다 특별한 인물들의 성령 체험이 중요한 역할을 했습니다.

소녀의 기도가 깨운 제1차 영적 대각성운동

1734년 매사추세츠 주의 노샘프턴은 영적으로 침체되어 있었습니다. 산업혁명의 영향으로 미국 식민지가 급격히 변화하면서, 교회는 점차 세속화되어 갔습니다. 조나단 에드워즈 목사는 이러한 상황을 안타깝게 여기며 진정한 회개와 거듭남의 필요성을 강조했지만, 사람들의 반응은 냉담했습니다.

그런데 변화의 시작은 뜻밖의 곳에서 일어났습니다. 어린 소녀 페베 바틀릿이 매일 골방에 들어가 간절하게 기도를 하기 시작한 것입니다.

"주님, 저를 구원해 주세요. 제 기도를 꼭 들어주세요. 저의 모든 죄를 용서해 주세요."

페베는 엄마 품에 안겨 큰 소리로 울었습니다. 한참 동안 울던 페베가 엄마에게 말했습니다.

"엄마, 천국이 내게 오고 있어요."

아이의 변화된 모습에 부모가 자신의 신앙을 돌아보기 시작했습니다. 에드워즈는 "마을 전체가 종교적 관심으로 가득 찼으며, 1735년 봄이 되자 마을의 도덕적 분위기가 완전히 바뀌었다"고 증거했습니다.

교회의 분별과 청교도 신앙의 부활

제1차 영적 대각성운동은 교회 내부에 중요한 논쟁을 불러일으켰습니다. 이는 성령의 역사를 어떻게 이해하고 받아들일 것인가에 대한 근본적인 질문이었습니다. 이성적 판단과 전통적 교리를 중시하는 구파와 성령의 직접적인 체험을 강조하는 신파 사이에 갈등이 생겼습니다.

이러한 갈등으로 교회가 분열되었습니다. 장로교회는 올드사이드와 뉴사이드로, 회중교회는 예빛파와 새빛파로, 침례교회는 정규침례교회와 분리침례교회로 나뉘었습니다. 그러나 이

분열은 예상치 못한 긍정적인 결과를 낳았습니다. 다양한 교파의 등장이 오히려 종교의 자유를 확대하는 계기가 되었기 때문입니다.

교회의 분별과 자유로운 신앙 활동은 미국의 정체성 형성에 중대한 영향을 미쳤습니다. 청교도 정신을 계승한 지도자들은 영국 국교회의 통제에서 벗어나기를 바랐습니다. 이들은 종교의 자유를 추구했고, 이는 정치적 자유에 대한 갈망으로 발전했습니다. 이러한 종교적 자유의 추구는 미국 독립혁명의 정신적 기반이 되었습니다.

《전도 집회》 | 설교단 아래 한 여자가 기절을 했고, 가운데 한 남자와 두 여자가 만세를 부르고 있습니다. 오른쪽의 남자는 책상을 치며 통곡하고 있습니다. 참석자들은 놀란 표정입니다. 반면, 왼쪽에 한 남자가 이 광경을 의심스럽게 지켜보고 있습니다. 미국 의회 도서관.

법정에서 설교단으로: 제2차 영적 대각성운동

1821년의 어느 날, 뉴욕에서 변호사로 활동하던 찰스 피니는 인생을 바꾸는 체험을 했습니다. 법정에서 피고인을 변호하던 중 "네가 변호해야 할 진짜 의뢰인은 누구인가?"라는 강한 의구심이 들었습니다. 밤새도록 기도한 피니는 다음 날 아침, 동료들에게 선언했습니다.

"저는 더 이상 법률가로 일하지 않겠습니다. 이제 하나님의 변호사가 되어 영혼을 변호하겠습니다."

피니의 완전 성화와 사회 개혁 사상

피니는 성도들의 영적 성장에 대해 획기적인 관점을 제시했습니다. 그는 신자들이 현세에서도 완전 성화에 도달할 수 있다고 가르쳤습니다. 그는 신도들에게 성령의 도움으로 지속적으로 성화되어 도덕적 완전함에 이를 수 있다고 격려했습니다. 그에게 있어 완전 성화란 이상이 아닌, 하나님의 도덕적 완전함을 닮아가는 실제적인 목표입니다.

피니의 영성 운동은 곧바로 사회 개혁으로 이어졌습니다. 그는 "그리스도의 사랑을 안다고 하면서 어떻게 형제를 노예로 부릴 수 있습니까?"라며 노예제도를 정면으로 비판했습니다.

이 도전적인 메시지는 특히 남부 농장주들의 강한 반발을 불러 일으켰습니다. 그러나 북부의 많은 교회들이 점차 노예제 폐지를 지지하였습니다. 결국 이 문제는 남북전쟁의 도화선이 되었습니다.

피니의 가장 중요한 공헌은 개인의 영적 성장이 사회 변화로 이어지는 패턴을 제시한 것입니다. 그는 참된 신앙이 반드시 사회 개혁으로 나타나야 한다고 강조했습니다. 이러한 그의 사상과 실천은 후일 금주운동, 여성 참정권 운동 등 다양한 사회 개혁 운동으로 이어졌습니다.

구두 수선공에서 부흥사로: 제3차 영적 대각성운동

19세기 후반, 영적 대각성운동은 더욱 다양하고 풍성한 모습으로 발전했습니다. 개혁주의 성령운동은 성령의 주권과 교회의 갱신을 주장했습니다. 웨슬리안 성결운동은 신앙인의 성결과 거룩함을 중시했습니다. 한편, 오순절운동은 웨슬리안 성결운동에서 더 나아가 성령의 초자연적 은사와 능력을 추구했습니다. 이들은 모두 성령세례를 강조했으며, 초교파적이고 평신도 중심의 특징을 가졌습니다.

이러한 흐름 속에서 D.L. 무디의 이야기는 평신도 중심 운동의 전형을 보여줍니다. 1855년 보스턴의 한 구두방에서 일하던 18살의 무디는 신앙생활이 매우 형식적이었습니다.

"나는 교회에 가는 것이 의무라고만 생각했습니다. 설교 시간에는 주로 졸았고, 찬송가를 부를 때도 입만 움직였습니다. 하나님은 그저 멀리 계신 심판자로만 여겨졌습니다."

무디를 안타까운 마음으로 지켜보던 주일학교 교사 에드워드 킴볼은 용기를 내어 말했습니다.

"젊은이, 당신은 그리스도의 사랑이 필요합니다."

이 한 마디가 무디의 인생을 완전히 바꾸어 놓았습니다.

"갑자기 하나님의 사랑이 내 마음에 밀려왔습니다. 거리를 걸으며 '나는 새사람이 되었다!'고 외치지 않을 수 없었습니다. 보스턴의 거리가 전에 없이 아름답게 보였고, 처음으로 하나님을 두려운 심판자가 아닌, 사랑이 많으신 아버지로 느낄 수 있었습니다."

무디의 회심은 제3차 영적 대각성운동의 특징을 잘 보여줍니다. 그의 체험에는 거듭남, 죄 씻음, 성령 충만이 동반되었고, 이는 즉각적인 헌신과 선교로 이어졌습니다. 19세기 말 자유주의 신학의 영향으로 미국의 주요 기독교 대학들이 세속화될

때, 무디는 성경학원을 설립하여 성경 중심의 신앙과 선교 교육을 이어갔습니다.

　무디의 신앙 운동은 한국 기독교에 큰 영향을 주었습니다. 한국 초기 기독교를 이끈 언더우드, 아펜젤러, 하디, 게일과 같은 주요 선교사들이 모두 무디의 영향을 받은 인물들이었습니다. 1906년부터 1909년 사이에 한국에 파송된 135명의 선교사 중 81명이 무디가 설립한 학생자원운동 출신이었다는 사실은, 제3차 영적 대각성운동이 세계 선교의 새로운 장을 열었음을 보여줍니다. 이는 궁극적으로 독생녀 강림을 위한 세계적 영적 기반을 넓히는 데 기여했습니다.

마운트 허먼 컨퍼런스 | 1886년 매사추세츠주 노스필드의 마운트 허먼 스쿨에서 드와이트 L. 무디의 리더십 하에 251명의 학생이 한 달 동안 컨퍼런스를 진행했습니다. 이것이 1888년 학생자원운동(SVM)으로 발전하였고, 이후 2만여명의 선교사를 배출했습니다.

시기	주요 인물	강조점	영적 특징
제1차 각성(1730-1770)	조나단 에드워즈	회심	청교도 신앙의 부활
제2차 각성(1795-1835)	찰스 피니	완전 성화	사회 개혁 운동
제3차 각성(1850-1890)	D.L. 무디	헌신/선교	세계 선교 운동

3.4 한국 기독교의 형성과 시련

평양 대부흥운동의 영적 의미

1907년 평양 대부흥운동은 한국 기독교의 정체성 형성과 민족운동의 정신적 기반을 마련한 사건이었습니다. 이 운동은 1903년 원산에서 시작되었습니다. 캐나다 선교사 로버트 하디가 개인의 성결과 성령 체험을 강조하며 부흥의 불씨를 지폈습니다.

결정적 전환점은 1907년 1월 장대현교회의 사경회였습니다. 죄에 대해 설교를 하던 길선주 목사가 갑자기 자신의 죄를 자복하고 통회했습니다. 이어서 한 장로가 용기를 내어 자신의 죄를 고백하자, 신도들이 연이어 작은 잘못까지 회개하기 시작했습니다. 이 회개운동이 순식간에 평양 전체로 퍼져나갔고,

마침내 평양은 '동양의 예루살렘'이라 불릴 만큼 신령한 도성이 되었습니다.

당시 한국에 개신교가 전래된 지 20년 남짓한 시기였습니다. 교세는 미약했고, 신도들의 신앙도 깊이가 부족했습니다. 개화된 문물을 쫓아 들어온 사람, 기회를 잡아 출세하려는 사람, 서양 세력을 통해 국운을 일으켜 보려던 사람들도 있었습니다. 그러나 평양 대부흥운동을 통해 한국 기독교는 순수하고 신령한 신앙으로 거듭났습니다.

3·1운동과 기독교 정신

평양 대부흥운동으로 고양된 영적 각성과 민족의식은 1919년 3·1운동의 정신적 기반이 되었습니다. 민족대표 33인 중 16명이 기독교인이었고, 체포된 인원 중 기독교인 비율이 18%였습니다. 특히 여성 피검자의 65%가 기독교인이었다는 사실은 주목할 만합니다. 마치 영적 대각성운동으로 부활한 식민지의 청교도들이 미국 독립운동을 이끌었던 것처럼, 평양 대부흥운동으로 각성한 한국 기독교인들이 3·1운동을 주도했습니다.

3·1운동은 대한민국 임시정부 수립으로 이어졌습니다. 이는 한국 최초의 민주정부였습니다. 임시정부에서 장로교 출신 인

사들이 주도적 역할을 한 것은, 이들이 교회 헌법을 통해 익힌 민주적 원리를 정치 제도에 구현했기 때문입니다.

신사참배와 교회의 분화

3·1운동 이후 일제는 문화통치를 표방하며 민족을 분열시키고 기독교의 영향력을 약화시켰습니다. 1931년 만주사변 이후에는 민족말살정책으로 전환하여 신사참배를 더욱 강하게 압박함으로써 기독교 공동체를 분열시켰습니다.

신사참배 문제를 둘러싸고 한국 개신교가 4개 그룹으로 분화되었습니다. 이는 예수님 당시 유대교가 4개 분파로 나뉘어 있었던 것과 유사합니다. 부일협력파는 사두개파처럼 일제 정책에 적극 협력했고, 대부분의 기성교단으로 구성된 신사참배파는 바리새파와 같이 신앙의 본질을 저버렸습니다. 반면 주기철 목사, 손양원 목사 등으로 대표되는 신사참배 거부파는 열심당과 같이 신앙의 순수성을 지키기 위해 영적 투쟁을 벌였고 투옥과 순교의 길을 갔습니다. 신령집단은 에세네파처럼 산으로 들로 흩어져 계시에 따라 남다른 정성을 드리면서 메시아의 재림을 준비했습니다.

평양신사참배하는 장로회총회대표단 | 1938년 9월 12일, 조선일보. 공공누리.

시련을 통한 영적 정화

일제의 탄압과 이에 따른 교계의 분열은 영적인 의미가 있습니다. 특히 여신인 천조대신에 대한 참배 강요는 독생녀의 탄생을 막으려는 사탄의 역사였습니다. 이는 초대교회 시대 로마의 황제숭배 강요와 같은 의미를 지닙니다.

섭리의 관점에서 이 분열은 가인형과 아벨형의 분립으로 볼 수 있습니다. 가인형이 현실적 타협을 통해 교회의 외형적 존속을 추구했다면, 아벨형은 신앙의 순수성과 영적 가치를 지켰습니다. 특히 신령집단은 환란 속에서도 재림주 대망신앙을 굳게 믿고 구체적인 준비를 했습니다.

이처럼 신사참배를 둘러싼 시련은 한국 기독교의 정체성 형성과 독생녀 강림을 위한 영적 정화의 과정이었습니다. 이는 하늘부모님의 섭리 안에서 더 높은 영적 기준을 세우기 위한 여정이었습니다.

〈도표 3〉 기독교회의 분화

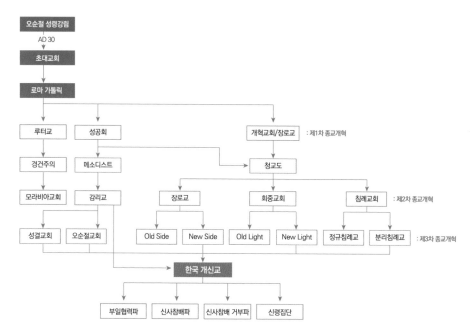

* 이 도표는 교회의 분화를 보여주며, 성령이 참된 교회를 찾아 끊임없이 개혁을 이끌어온 과정을 나타냅니다. 각 시대의 개혁을 통해 형성된 영성과 진리의 전통, 특히 신파의 부흥 중심적 특성은 한국 기독교의 신령한 토양이 되었습니다. 이러한 영적 기반은 하늘부모님께서 독생녀를 맞이할 신령과 진리의 교회를 준비하신 섭리적 과정이었음을 시사합니다.

신령집단과
독생녀의 탄생

제4장

신령집단과 독생녀의 탄생

하늘부모님께서는 독생녀의 탄생을 위해 2천년의 기독교 역사를 통해 영적 기반을 조성하셨습니다. 초대교회의 순교자들은 순결한 신앙으로, 중세의 여성 신비주의자들은 신부의 영성으로, 근대의 부흥운동은 실천적 신앙으로 기반을 닦았습니다. 그리고 마침내 한국의 신령집단을 통해 독생녀 강림을 위한 직접적인 터전이 준비되었습니다.

4.1 신령집단을 통한 독생녀 탄생의 기반

균형 잡힌 영성의 발전

1930년대, 한국에는 영적 대각성운동의 영향으로 독특한 신령집단이 형성되었습니다. 이들은 하늘부모님의 창조목적과 섭리를 실체적으로 이해하고 실천하는 특별한 사명을 지닌 집단이었습니다.

이들의 가장 큰 특징은 신령과 진리의 균형 잡힌 영성입니다. 신령집단은 남성과 여성의 영성이 조화를 이루며 발전했습니다. 신령한 여성들이 받은 계시가 남성 지도자들을 통해 체계적인 말씀으로 정립되었고, 실천적인 신앙 운동으로 이어졌습니다. 백남주는 『새생명의 길』을 저술하며 천국결혼을 실행했고, 이용도는 전국적으로 신비주의적 부흥운동을 일으켰습니다. 김백문은 신령집단에서의 신비체험을 『성신신학』으로 체계화했습니다.

영적 계보의 전승

하늘부모님께서는 독생녀의 탄생을 준비하시며 특별한 여성들의 계보를 세우셨습니다. 이는 마치 귀한 보물이 전해지듯 세대를 거쳐 이어졌습니다. 이 신령한 여성들은 실제적인 재림 신앙을 가지고 있었습니다. 당시 대부분의 기독교인들이 구름을 타고 오시는 재림주님을 기다릴 때, 이들은 그 분이 육신을 입고 오신다는 것을 계시로 받았습니다.

김성도 부인은 성경의 비밀을 밝히는 특별한 계시를 받아 '새 주님'으로 불렸습니다. 허호빈 부인은 예수님을 상상임신해 복중교를 창립했고, 예수님의 한을 해원해 드렸습니다. 한편 박

을룡은 영적 역사를 일으켜 '여호와의 부인'으로 알려졌습니다. 각 단계마다 계시는 더욱 깊어지고 구체화되었습니다.

섭리적 전통의 완성

마침내 이 영적 전통이 홍순애 대모님에게 승계되었습니다. 대모님은 여러 신령집단을 거치며 이 신앙의 정수를 체득하셨습니다. 대모님의 재림주 대망신앙은 이전의 어떤 신령인들보다도 강했습니다. 대모님은 주님이 실제 육신을 입고 오신다는 것을 확신하고 계셨으며, 구체적인 준비를 하셨습니다.

이처럼 한국 신령집단의 역사는 하늘부모님의 특별한 섭리였습니다. 이들의 깊은 영성과 실체적 신앙, 그리고 끊임없는 정성이 마침내 독생녀 강림이라는 결실을 맺게 되었습니다.

4.2 홍순애 대모님의 신앙과 정성

홍순애 대모님의 생애는 독생녀를 맞이하기 위한 신앙과 정성의 여정이었습니다. 대모님은 여러 신령집단을 거치며 재림주 대망신앙을 심화시켰고, 마침내 독생녀의 강림을 위한 영적 터전을 마련하셨습니다.

신앙의 깊이

1932년 봄, 19살의 홍순애 대모님은 평안북도 안주의 동안주 장로교회에서 이용도 목사의 아가서 강의를 듣던 중 특별한 영적 각성을 체험하셨습니다.

"재림이 임박했습니다. 주님께서 완전한 신부를 찾고 계십니다."

이용도 목사의 음성이 예배당에 울려 퍼졌습니다. 아가서의 말씀이 전해질 때마다 대모님의 마음은 형언할 수 없는 감동으로 충만했습니다. 그날 밤, 대모님은 잠들지 못했습니다. 어린 시절의 기억을 하나하나 떠올리며, 소꿉놀이를 하다가 친구와 다툰 일까지 철저히 회개했습니다.

독생녀를 위한 정성

첫 영적 각성 이후, 홍순애 대모님은 영적 갈망을 안고 전도 여행을 떠나셨습니다. 마침 안주를 지나던 황국주의 새예루살렘 순례단을 따라 100일간의 도보 여행을 하며 놀라운 은혜를 체험했습니다.

홍순애 대모님은 전도 여행을 마치고 안주로 돌아온 후부터 예수교회에 다니기 시작하셨습니다. 1934년 3월 선도감 이호빈 목사의 주례로 교회의 간부이자 교사인 한승운 대부님과 결혼하셨습니다. 이호빈 목사는 둘이 합하여 아기를 낳으면 오시는 주님을 낳는다는 계시를 받았습니다.

이후 홍순애 대모님은 모친인 조원모 할머니의 인도로 성주교로 신앙의 터전을 옮기셨습니다. 이어 복중교에 이르기까지 각 공동체에서의 신앙은 대모님의 재림주 대망신앙을 더욱 견고하게 다듬었습니다.

이 과정에서 대모님은 매우 특별한 영적 체험을 하게 됩니다. 꿈에서 아무도 들어갈 수 없다는 거룩한 방에 들어가 재림주님을 뵈었습니다. 대모님은 새색시의 모습이었습니다. "내가 너 하나 찾으려 이와 같이 공부를 한다"는 주님의 말씀에 너무나 황공하여 그분의 손을 잡고 울다가 깨어났습니다.

4.3 한학자 총재님의 생애와 섭리적 보호

한학자 총재님은 1943년, 격동의 시기에 태어나셨습니다. 하늘부모님께서는 한학자 총재님을 탄생 순간부터 특별히 보호하셨으며, 독생녀로서의 사명을 감당할 수 있도록 영적으로 준비시키셨습니다.

특별한 계시와 영적 체험들

1942년, 홍순애 대모님은 하늘로부터 장차 오실 주님의 신부가 될 아름다운 딸을 품게 될 것이라는 계시를 받으셨습니다. 그리고 그로부터 얼마 지나지 않아 기적처럼 잉태하게 되었고, 이듬해인 1943년 음력 1월 6일, 마침내 독생녀가 탄생하셨습니다.

그러나 이 거룩한 탄생과 함께 시련도 시작되었습니다. 홍순애 대모님은 "아이를 죽이라"는 사탄의 강한 위협에 시달리셨습니다. 그런 절박한 상황 속에서 하늘은 특별한 위로와 확신을 보내주셨습니다. 꿈속에서 김성도 부인이 나타나 "걱정하지

홍순애 대모님

말라. 이 아기는 주님의 딸이니, 너는 유모와 같이 정성껏 젖만 잘 먹여 양육하면 된다"라는 메시지를 전해주었습니다. 이 몽시는 대모님께 큰 힘이 되었고, 독생녀를 지키겠다는 흔들리지 않는 신념이 되었습니다.

독생녀가 6살이 되던 해, 또 하나의 중요한 예언이 있었습

니다. 복중교의 허호빈 부인이 감옥에 갇혀 있을 때, 그녀의 어머니가 어린 독생녀를 불러 머리에 손을 얹고 '하늘의 신부가 되실 분'이라며 축복해 주었습니다. 이는 독생녀가 지닌 거룩한 사명을 다시 한번 확인해 주는 순간이었으며, 이후 독생녀를 위협하던 사탄의 시험도 물러가게 되었습니다.

기적적인 피난과 보호

독생녀는 북한 정권의 탄압을 피해 남쪽으로 피신해야 했습니다. 독생녀가 북한 정권의 위협에서 벗어나자, 이번에는 한국전쟁이라는 더 큰 시련이 찾아왔습니다. 전쟁 발발 3일째인 1950년 6월 28일 새벽 1시, 북한군이 미아리고개를 넘어 서울로 밀려들어왔습니다. 탱크 소리와 포성이 어두운 하늘에 크게 울려 퍼졌습니다. 새벽 3시, 독생녀는 가족과 함께 목숨을 걸고 서울을 탈출하셨습니다. 그 과정에서 한강 다리가 폭파되어 700여 명의 무고한 시민들이 목숨을 잃었습니다. 이와 같은 비극 속에서도 독생녀는 무사히 피신하실 수 있었습니다.

특히 주목할 만한 것은 UN군의 참전입니다. UN군은 예상을 뛰어넘어 신속하고도 대규모로 참전했습니다. 하늘부모님은 긴박한 순간에 하늘 군대를 동원하시어 재림주님과 독생녀를 기적적으로 보호했을 뿐만 아니라, 국가적으로도 무방비 상태였던 대한민국을 공산군의 침략에서 구하신 것입니다.

한강 철교와 인도교 폭파 | 미국 공군이 폭탄을 투하하여 한강 철교를 폭파하는 장면
입니다. 오른쪽에는 국군에 의해 이미 파괴된 인도교가 보입니다.

하늘의 부르심

1956년, 13세의 한학자 총재님은 문선명 총재님과의 첫 만
남을 가졌습니다. 이 만남에서 문선명 총재님은 한학자 총재님
을 '하늘이 한국에 보내주신 귀한 여성'이라며 감사의 기도를
드렸습니다. 또한 한학자 총재님에게 앞으로 큰 희생이 따르는
사명을 감당해야 할 것이라는 예언적 말씀을 전하셨습니다.

천부적 효심과 영적 준비

한학자 총재님의 가장 두드러진 성품은 하늘부모님을 대하는

천부적인 효심입니다. 학창 시절 성경을 읽으며 하늘부모님의 한 많은 구원역사에 잠 못 이루며 흐느껴 우셨습니다. 이는 개인적 감정이나 종교적 열정을 넘어, 하늘부모님의 심정을 이해하고 공감하는 특별한 영성을 나타내는 것입니다.

영적 준비 과정에서 한학자 총재님은 성인전을 탐독하셨습니다. 특히 동정 순교자들의 고결한 생애에 크게 감동하며, 그녀들처럼 주님과의 사랑을 지키기 위해 목숨까지 바칠 수 있는 신앙을 키워갔습니다. 이러한 영적 준비는 신부의 자격을 갖추는데 중요한 토대가 되었습니다.

이처럼 한학자 총재님은 하늘부모님의 직접적인 보호와 인도 하에 있었으며, 이는 독생녀로서의 사명을 위한 섭리적 준비였습니다.

4.4 실체성령으로서의 독생녀

성령의 실체화는 하늘부모님의 구원섭리에서 핵심적인 과정입니다. 성령이 실체를 갖추고 독생녀로 현현한 것은 인류 구원의 새로운 차원을 여는 역사적 사건입니다.

실체성령의 의미

성령의 실체화는 하늘부모님의 구원섭리에서 핵심적인 과정입니다. 성령은 하늘부모님의 여성성을 나타내는 신성으로서, 지금까지 영적 차원에서 역사해 왔습니다. 성령이 독생녀를 통해 실체적 존재로 완성되었다는 것은, 하늘부모님의 여성성이 마침내 인격을 지닌 실체로 나타난 것을 의미합니다.

성령의 실체화는 3단계를 거쳐 발전했습니다. 첫째는 오순절 성령 강림으로 시작된 무형의 성령 역사입니다. 둘째는 성령이 신령한 여성들과 연합하는 단계입니다. 성령이 초대교회의 동정 순교자들, 중세의 여성 신비주의자들, 그리고 한국의 신령한 여성들을 통해 더욱 구체적으로 역사했습니다. 마지막 단계는 성령이 독생녀로 실체화된 것입니다.

무형의 성령이 실체로

계시록 22장 17절의 "성령과 신부가 말씀하시기를 오라 하시는도다"라는 구절에서 '성령과 신부'는 성령이 실체를 갖춘 독생녀를 의미합니다. 이는 하늘부모님의 여성성이 실체를 갖춘 여성과 결합하여 독생녀로 나타난다는 뜻입니다.

독생녀는 단순히 성령과 연합한 상태가 아닙니다. 성령 자체가 실체화된 존재라는 점에서 이전의 신령한 여성들과는 본질적인 차이가 있습니다. 성령과 연합한 여성의 경우 그 연합이 일시적일 수 있지만, 독생녀는 성령 자체이기 때문에 분리될 수 없는 영원한 실체성령입니다. 예수님이 구약의 말씀이 실체가 되어 오신 것처럼, 독생녀는 성령이 실체가 되어 오셨습니다.

독생녀의 영적 권위

독생녀의 영적 권위는 그 혈통적 순수성에서 비롯됩니다. 독생녀는 하늘부모님의 직접적인 섭리로 태어나신 분으로서, 원죄 없는 순수한 혈통을 지니고 계십니다. 이는 마치 타락하지 않은 하와와 같습니다.

이러한 혈통적 기준은 독생녀가 완성한 신부의 자격을 갖는 근본적 이유입니다. 독생녀는 기독교 2천년 역사를 통해 하늘부모님께서 특별히 준비하신 분으로서, 인류를 실체적으로 중생시키는 참어머니의 사명을 감당하십니다.

인류의 참어머니, 홀리 마더 한(Holy Mother Han)

독생녀, 하늘신부, 하늘어머니는 한학자 참어머니 안에 통합된 3가지 고유한 정체성으로, 하늘부모님의 구원섭리에서 각각 중요한 의미를 지닙니다.

독생녀

독생녀는 참어머니의 출생적 정체성을 의미합니다. 참어머니는 하늘부모님의 직계 혈통을 이어받아 원죄 없이 탄생하신 분으로, 하늘부모님의 여성성이 실체로 현현한 존재입니다. 예수님께서 독생자로 오셨듯이, 참어머니는 독생녀로 오셨습니다.

하늘신부

하늘신부는 참어머니의 관계적 정체성으로, 재림주님과의 관계 속에서 어린 양 혼인잔치의 신부로서의 위상을 가집니다. 이는 요한계시록에 예언된 "어린 양의 신부"로서, 기독교 2천년 역사가 준비해 온 신부의 완성을 의미합니다.

실체 하늘어머니

실체 하늘어머니는 참어머니의 사명적 정체성을 나타내며, 인류 구원을 위한 실체성령으로서의 역할을 합니다. 참어머니는 실체적 중생의 은사를 베푸시며, 인류를 구원으로 인도하는 사명을 완수하십니다.

이 3가지 정체성은 분리된 것이 아니라 하나로 통합되어 한학자 참어머니로 현현하셨습니다. 한학자 참어머니를 "홀리 마더 한"(Holy Mother Han)이라 호칭하는 것은, 참어머니께서 하늘어머니로서 감당하시는 사명적 정체성을 강조하는 표현이라 할 수 있습니다.

어린 양 혼인잔치와
참부모님 노정

제5장

어린 양 혼인잔치와 참부모님 노정

1960년의 어린 양 혼인잔치는 인류 역사의 전환점이 되는 중대한 사건입니다. 이는 단순한 남녀의 결혼식이 아닙니다. 하늘부모님의 창조이상이 실현되는 역사적 순간이며, 인류 구원의 새로운 장이 열리는 시작이었습니다.

5.1 어린 양 혼인잔치와 참부모 현현

하늘부모님의 오랜 섭리가 어린 양 혼인잔치를 통해 결실을 맺었습니다. 독생자와 독생녀의 성혼으로 참부모님이 현현하셨고, 이로써 실체적 구원의 시대가 열렸습니다.

신부의 준비

1960년의 봄날, 서울 청파동의 작은 교회에서 역사적인 가약식이 거행되었습니다. 가약식을 앞두고 한학자 총재님은 깊은 무아의 경지에 잠겼습니다. 그리고 이렇게 결의하셨습니다.

"가는 길이 아무리 힘들어도 내 당대에서 복귀 섭리를 끝내겠습니다."

이 결의는 공생애를 출발하며 독생녀로서 책임을 완수하겠다는 엄숙한 서약이었습니다.

참부모님의 현현

성혼식은 예수님 시대의 미완의 섭리가 완성되는 순간이었습니다. 재림주님과 독생녀의 만남을 통해 참부모의 자리가 세워졌고, 이로써 인류는 영적 중생을 넘어 실체적 중생의 길이 열렸습니다. 이는 요한계시록에 예언된 '어린 양 혼인잔치'의 실체적 성취였습니다.

하늘부모님과의 일체화

또한 참부모님의 현현은 하늘부모님의 한을 해원하는 사건이었습니다. 타락 이후 하늘부모님은 깊은 한을 품고 계셨습니다. 자녀들이 하나님의 모성적 신성을 망각하고 있었기에 그동안 '아버지'로만 불리시며, 하늘부모님의 위상을 갖지 못하셨

성혼식 | 참부모님의 성혼식이 1960년 음력 3월 16일 서울 청파동 전본부교회에서 거행되었습니다.

습니다. 참부모님의 현현으로 하늘부모님의 이러한 한이 해원되었고, 마침내 하늘부모님의 본연의 모습이 회복되었습니다.

5.2 축복결혼과 혈통전환

참어머님께서 베푸시는 축복결혼식은 단순한 결혼식이 아닙니다. 인류 구원의 의식입니다. 이를 통해 타락으로 단절된 하늘부모님과의 혈연관계가 회복되고 새로운 생명의 기원이 마련됩니다.

축복의 의미와 가치

축복결혼을 통해 인간은 원죄를 청산하고 새로운 생명으로 거듭납니다. 이는 마치 오염된 물이 정화되어 맑은 물로 바뀌는 것과 같은 근본적인 변화입니다. 이 과정에서 인간의 혈통이 사탄의 혈통에서 하늘부모님의 혈통으로 전환됩니다.

혈통이 어떻게 바뀔 수 있을까요? 2천년 전 니고데모도 예수님께 같은 질문을 했습니다.

"사람이 늙으면 어떻게 날 수 있사옵나이까? 두 번째 모태에 들어갔다가 날 수 있사옵나이까?"

예수님은 "사람이 물과 성령으로 나지 아니하면 하나님의 나라에 들어갈 수 없느니라"고 대답하셨습니다(요 3:3). 혈통전환은 타락 인간이 하늘부모님의 자녀로 거듭나는 혁명적인 변화입니다.

기독교 신도들은 성령의 중생 역사를 통해 영적 구원을 얻었습니다. 이제는 실체적으로 하나님의 나라를 이루어야 할 때입니다. 축복결혼은 개인의 구원에 그치지 않습니다. 그것은 가정을 통해 하늘부모님의 창조이상을 실현하고 이를 후대에 상속하는 근본적인 변화의 시작입니다.

축복가정의 사명

축복을 받은 가정은 천일국 백성의 자격을 얻습니다. 천일국은 하늘부모님을 중심한 이상세계를 의미합니다. 축복가정은 이 새로운 나라의 시민이 됩니다. 따라서 축복가정은 하늘부모님의 직계 자녀로서 창조본연의 가치를 실현할 책임이 있습니다.

축복가정의 가장 중요한 사명은 참부모님의 전통을 상속받아 이를 자녀들에게 전수하는 것입니다. 이 전통의 핵심은 참사랑입니다. 참사랑이란 하늘부모님의 창조본성을 닮은 무조건적이고 희생적인 사랑을 의미합니다. 축복가정은 이러한 참사랑을 실천하며 살아야 합니다.

평화이상세계의 기초

축복가정은 평화이상세계를 이루는 기초입니다. 한 가정에서 시작된 참사랑의 실천이 이웃과 사회로 확대되어 마침내 세계적 차원의 평화문화를 창출하게 됩니다. 이것이 하늘부모님께서 축복가정을 통해 이루고자 하시는 궁극적인 목표입니다.

축복결혼은 신약시대의 영적 구원을 넘어 실체적 구원의 시대를 여는 전환점입니다. 이를 통해 하늘부모님의 창조이상인 참가정이 나타나기 시작했으며, 이것이 천일국 건설의 토대가 되고 있습니다.

국제축복결혼식 | 1992년 8월 25일, 서울 올림픽주경기장에서 세계 131개국의 선남선녀들이 참가한 가운데 3만가정 국제축복결혼식이 개최되었습니다.

5.3 천일국 창건을 향한 노정

문선명 총재님의 성화 이후, 한학자 총재님은 천일국 실현을 위해 섭리적 사명을 더욱 힘차게 수행하셨습니다. 이는 제도적 기반 구축부터 시작하여, 세계적 평화운동의 전개, 그리고 실체적 성전 건립에 이르는 체계적인 과정이었습니다. 이를 통해 천일국은 이상을 넘어 구체적 실체를 갖추어가고 있습니다.

천일국의 제도적 기반 구축

문선명 총재님이 성화하신 후, 한학자 총재님은 '중단 없는 전진'을 선포하며 천일국 건설을 위한 구체적인 계획을 실행에 옮기셨습니다. 2013년, 한학자 총재님은 70세를 맞이하며 천일국 기원절을 선포하고 입적축복식을 거행하셨습니다. 이어서 2014년에는 천일국 헌법을 반포하셨습니다. 이는 천일국이 이상적 개념을 넘어 실체적인 체제를 갖추게 되었음을 의미합니다. 2015년에는 천일국 경전을 편찬함으로써 천일국의 사상적 기틀을 확립하셨습니다.

세계적 평화운동의 전개

세계평화를 향한 노력도 지속적으로 전개되었습니다. 2019년에는 아프리카대륙서밋과 세계기독교성직자협의회(WCLC)

창립을 통해 7개 나라와 7개 종단을 연결하는 성과를 이루었습니다. 이는 국가간 종교간 화합과 단결을 위한 중요한 진전이었습니다.

세계적 평화네트워크 구축을 위해 월드서밋 2020, 싱크탱크 2022, 피스서밋 2023 등이 연이어 개최되었습니다. 이러한 모임들을 통해 정치, 경제, 학술, 언론, 예술 등 각계 지도자들이 연대하여 평화비전을 공유하고 실천방안을 모색하고 있습니다.

월드서밋 2022 | 2022년 2월 13일, 경기도 가평군 HJ글로벌아트센터에서 참어머님께서 한반도 평화서밋 공동 조직위원장인 훈센 캄보디아 총리, 반기문 제8대 UN 사무총장과 함께 '월드서밋 2022 서울선언'을 발표하셨습니다. 이 선언은 평화와 번영의 신통일한국을 목표로, 남북 공동 수교국 70개국의 전·현직 정상 85명의 중지를 모아 채택되었습니다.

천원궁 봉헌과 실체적 터전 완성

2023년, 참어머님께서는 80세를 맞이하며 천원궁을 봉헌하셨습니다. 올해 봄에는 천원궁 천일성전 입궁식을 거행하십니다. 이는 하늘부모님을 지상에 모실 수 있는 성소이며 천일국의 중앙청을 확립하는 중요한 섭리입니다.

천원궁 천일성전은 초국가, 초종교, 초이념, 초인종적 평화공동체의 모델입니다. 온 인류가 한 가족이 되어 하늘부모님의 나라를 실현하는 실체적 터전으로서, 이를 통해 하늘부모님의 창조이상인 천일국이 더욱 구체적으로 실현되어 갈 것입니다.

이러한 활동들은 천일국이 관념이나 이상이 아닌, 실체적인 평화세계로 발전해가고 있음을 보여줍니다. 이는 하늘부모님의 창조이상이 이 땅에서 실현되어가는 과정이며, 인류가 진정한 평화와 행복을 누릴 수 있는 새로운 문명을 향한 여정입니다.

천원궁 천일성전 전경

5.4 평화의 어머니로서의 사명

한학자 총재님의 평화운동은 모성애를 기반으로 합니다. 이는 실체 하늘어머니로서의 정체성에서 비롯되는 것으로, 권력이나 힘이 아닌, 어머니의 포용적 사랑을 통해 평화를 실현하고자 하는 새로운 패러다임입니다.

모성애를 통한 평화실현

천심원에서는 실체성령으로서 독생녀의 직접적인 역사가 일어나고 있습니다. 신유는 물론이고 청년들의 회개와 부활이 이어지고 있습니다. 이러한 영적 각성은 개인의 변화를 넘어 가정과 사회의 근본적인 변화로 이어지고 있습니다.

한학자 총재님은 어머니의 사랑으로 인류의 상처를 치유하고 계십니다. 2018년 세네갈의 고래섬을 방문하여 노예무역으로 고통받은 영혼들을 위로하며 아프리카의 상처를 치유해 주셨습니다. 2013년에는 전용기를 팔아 장학재단을 설립해 어려운 학생들에게 장학금을 지원하고 있고, 2015년부터는 선학평화상을 제정하여 세계 평화와 인류 복지에 기여한 이들을 격려하고 계십니다.

제3회 선학평화상 시상식 | 2019년 2월 9일 잠실롯데호텔월드에서 제3회 선학평화상 시상식이 열렸습니다. 아킨우미 아데시나 아프리카 개발은행(AfDB) 총재와 인권운동가 와리스 디리가 공동 수상하였습니다.

새로운 문명의 개척

이제 여성시대가 열리고 있습니다. 지금까지의 남성 중심 문명이 힘과 경쟁을 강조했다면, 여성시대는 화합과 평화를 추구합니다. 이는 단순한 남녀의 역할 변화가 아닌, 문명의 패러다

임 자체가 변화하는 것을 의미합니다.

효정문화의 확산은 이러한 새로운 문명의 핵심 요소입니다. 효정문화는 하늘부모님을 향한 효의 심정을 근간으로 하는 생활방식입니다. 이는 가정에서 시작하여 사회 전반으로 확산되며, 진정한 평화문화의 기초가 됩니다.

평화문명의 실현

평화문명의 실현은 인류가 지향해야 할 궁극적인 목표입니다. 이는 하늘부모님을 중심한 인류 대가족 공동체를 추구합니다.

한학자 총재님은 인류의 참어머니로서 국경, 인종, 종교를 넘어 모든 사람이 하늘부모님의 자녀임을 일깨우고 계십니다. 이는 축복결혼을 통해 전 세계에서 실질적인 가정 네트워크로 실현되고 있습니다.

이처럼 한학자 총재님의 평화운동은 독생녀로서의 영적 권위와 참어머니로서의 포용적 사랑을 바탕으로, 인류에게 희망과 비전을 주고 있습니다. 이는 이전의 어떤 문명과도 다른, 진정한 의미의 평화와 행복이 실현되는 이상세계를 향한 여정입니다.

하늘부모님의 섭리 완성을 향하여

하늘부모님의 구원섭리는 반드시 완성됩니다. 이는 창조의 원칙이 결코 변할 수 없기 때문입니다. 기독교 2천년의 역사를 돌아보면, 이는 독생녀를 맞이하기 위한 정교한 준비의 여정이었음을 알게 됩니다. 초대교회 순교자들은 순결한 신앙으로, 중세의 여성 신비주의자들은 신부의 영성으로, 근대의 종교개혁가들은 실천적 신앙으로 그 기대를 쌓았습니다. 이러한 영적 유산이 한국 교회로 이어져 마침내 독생녀의 탄생으로 결실을 맺었습니다.

한민족은 독생녀를 탄생시킨 선민으로서 섭리를 완성해야 할 중대한 책임이 있습니다. 특히 크리스천들은 하늘부모님의 섭리를 이해하고 천일국 실현을 위한 실천에 앞장서야 합니다. 우리는 평양 대부흥운동의 영성을 계승하고, 순교자들의 순전한 신앙을 본받아 하늘부모님의 뜻을 이루어야 합니다.

현재 인류는 전례 없는 도전에 직면해 있습니다. 물질문명의 발달은 편리함을 가져다주었지만, 동시에 영성의 메마름과 가치관의 혼란을 초래했습니다. 교회는 분열되고 신앙은 약해지며, 세계는 갈등과 전쟁으로 신음하고 있습니다. 이러한 때에 우리는 독생녀의 강림이 지닌 섭리적 의미를 깊이 이해하고, 이 시대 기독교의 사명이 무엇인지 진지하게 성찰해야 합니다.

한학자 총재님은 1960년 성혼 때부터 '생애 내에 섭리를 완성하겠다'는 결의를 실천해 오셨습니다. 80세가 넘은 지금도 그 정성은 변함이 없습니다. 총재님은 때로 모래폭풍 속에서 바늘 하나를 찾는 심정이라고 말씀하셨습니다. 이는 섭리를 이해하고 동참할 수 있는 동역자를 찾기가 얼마나 어려운지를 보여줍니다. 우리는 이제 그 바늘이 되어 하늘부모님의 뜻을 이루는 선민의 사명을 다해야 하겠습니다.

이 시대에 기독교에게 필요한 것은 더 깊은 영성과 더 넓은 시야입니다. 개인의 구원과 교파의 발전을 넘어, 전 인류의 평화와 화합을 위해 기도하고 실천해야 합니다. 성경이 예언한 새 하늘과 새 땅은 하늘부모님의 사랑이 온 세상에 가득한 평화의 세계입니다. 독생녀의 강림으로 열린 새 시대에 크리스천 여러분이 앞장서서 이 평화이상세계를 실현해 나가기를 간절히 소망합니다.

질의응답

질의응답

Q1   독생녀란 정확히 어떤 의미인가요?

A1   독생녀는 하늘부모님의 딸입니다. 원죄 없이 탄생한 하늘부모님의 직계 자녀입니다. 독생녀는 어린 양 혼인잔치의 신부로서, 실체 하늘어머니가 되어 인류에게 실체적 구원의 은혜를 베푸십니다.

Q2   혈통복귀란 무엇이며 왜 중요한가요?

A2   혈통복귀는 인간이 타락으로 잃어버린 하늘부모님과의 관계를 회복하는 과정입니다. 이는 영적이고 심정적인 생명의 관계를 의미합니다. 독생녀를 통해 베풀어지는 축복결혼은 사탄의 혈통에서 하늘부모님의 혈통으로 전환되는 근본적인 변화를 가져옵니다. 예수님께서 "나는 참 포도나무요 너희는 가지라"(요 15:5)고 말씀하신 것처럼, 축복을 통한 혈통전환은 돌감람나무가 참감람나무에 접붙임 됨으로써(롬 11:17) 새 생명을 얻는 것

과 같습니다. 이를 통해 인류는 하늘부모님의 직계자녀로 거듭날 수 있습니다.

Q3 기독교는 어떻게 독생녀를 준비해왔나요?

A3 기독교 2천년사는 독생녀를 맞기 위한 영적 준비의 과정이었습니다. 초대교회의 순교자들은 순결한 신앙으로, 중세의 여성 신비주의자들은 깊은 신부의 영성으로, 근대의 종교개혁가들은 실천적 신앙으로 그 기반을 닦았습니다. 특히 한국의 신령집단은 독생녀 강림을 위한 직접적인 터전을 준비했습니다.

Q4 신령집단은 구체적으로 어떤 준비를 했나요?

A4 기성교인들은 재림주님이 구름을 타고 오신다고 믿었지만, 이들은 계시를 받아 재림이 실체적으로 이루어질 것을 알았습니다. 여성 지도자들은 계시에 따라 재림주님의 가정을 모실 준비를 했습니다. 한편 남성 지도자들은 계시를 하나의 진리 체계로 만들었고 하늘의 뜻을 펼칠 수 있는 교단을 창립했습니다. 이러한 준비가 독생녀 강림의 기반이 되었습니다.

Q5 실체성령이란 무엇인가요?

A5 실체성령은 하늘부모님의 여성성이 완전히 실체화된 것을 의미합니다. 성령의 실체화는 3단계로 진행되었

습니다. 오순절 성령 역사에서 시작하여, 신령한 여성들과의 연합을 거쳐, 마침내 독생녀를 통해 완전한 실체를 갖추었습니다. 독생녀 실체성령의 출현으로 인류는 영적 중생을 넘어 실체적 중생이 가능하게 되었습니다.

Q6   구원은 어떻게 완성되나요?

A6   하늘부모님의 구원은 독생녀를 통해 실체적으로 이루어집니다. 이는 3단계로 진행됩니다. 먼저 축복결혼으로 혈통이 전환되고, 이어서 참가정을 이루어 선의 혈통을 번식하며, 마지막으로 참사랑을 실천하여 선의 문화를 이룹니다. 이렇게 형성된 지상천국이 자연스럽게 천상천국으로 이어집니다.

Q7   천일국은 어떤 세계인가요?

A7   천일국은 창조이상이 완성된 하늘부모님의 나라입니다. 인류가 하늘부모님을 모시고 한 가족이 되어 진정한 화합을 이룬 평화왕국입니다. 천일국은 이념과 종교, 인종과 문화를 초월하여 참사랑이 모든 질서의 중심입니다. 독생녀는 영적 구원을 넘어, 천일국의 비전을 실제로 이루고 계십니다.

Q8 가정연합이 실천하는 평화운동은 어떤 의미가 있나요?

A8 현재의 평화운동은 천일국 실현을 위한 실질적인 기반
    을 구축하는 과정입니다. 특히 한학자 총재님의 평화운
    동은 모성애를 기반으로 하여 갈등하는 인류를 화해시
    키고 치유합니다. 축복결혼을 통한 전 세계 네트워크
    구축, 평화교육을 통한 의식 변화, 봉사활동을 통한 실
    천 등 다양한 방식으로 평화문화를 창출하고 있습니다.

기독교의 본질과 독생녀

초판인쇄 2025년 03월 25일   **초판발행** 2025년 03월 31일

지은이   **양순석**
펴낸이   **이혜숙**   펴낸곳 **신세림출판사**
등록일   · **1991년 12월 24일 제2-1298호**

04559 서울특별시 중구 퇴계로49길 14,
충무로엘크루메트로시티2차 1동 720호
전화 02-2264-1972 팩스 02-2264-1973
E-mail : shinselim72@hanmail.net

정가 10,000원

ISBN 978-89-5800-284-0, 03240